从八级棋士到三级棋士

谢军
国际象棋教程

谢军 著

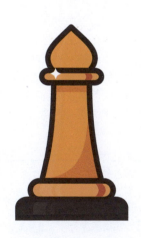

人民邮电出版社

北 京

图书在版编目（CIP）数据

谢军国际象棋教程：从八级棋士到三级棋士 / 谢军
著. -- 北京：人民邮电出版社，2025. -- ISBN 978-7
-115-65490-8

Ⅰ. G891.1

中国国家版木馆 CIP 数据核字第 2024NB1345 号

免责声明

作者和出版商都已尽可能确保本书技术上的准确性以及合理性，并特别声明，不会承担由于使用本出版物中的材料而遭受的任何损伤所直接或间接产生的与个人或团体相关的一切责任、损失或风险。

内 容 提 要

国际象棋是世界上最流行的智力运动项目之一，融汇了人类历史的文明精华，是行之有效的教育工具。孩子学下国际象棋，不仅可以有效开发智力、启迪思维，还能养成胜不骄、败不馁的坚韧品格。

本书是世界国际象棋联合会副主席、中国首位"棋后"谢军编写的"谢军国际象棋教程"系列中的第四本。本书分为"国际象棋文化常识"和"晋级练习"两部分。在国际象棋文化常识部分，本书介绍了国际象棋简史、跨界名人和国际象棋冠军论棋、国际象棋赛事等内容，旨在引导读者更全面地了解国际象棋的相关知识。在此过程中，读者可以借助互联网等资源，进一步探索相关领域的内容，以更好地了解国际象棋的全貌。在晋级练习部分，本书按照不同的难度进行设计，通过综合测试的方式，全面考查棋手对国际象棋的理解及已学知识技能的掌握程度。本书适合达到八级棋士水平的读者阅读。

- ◆ 著　　　　　谢　军
  　责任编辑　裴　倩
  　责任印制　马振武
- ◆ 人民邮电出版社出版发行　　北京市丰台区成寿寺路 11 号
  　邮编 100164　电子邮件 315@ptpress.com.cn
  　网址 https://www.ptpress.com.cn
  　涿州市殷润文化传播有限公司印刷
- ◆ 开本：700×1000　1/16
  　印张：5　　　　　　　2025 年 4 月第 1 版
  　字数：82 千字　　　　2025 年 4 月河北第 1 次印刷

定价：39.80 元

读者服务热线：(010)81055296　印装质量热线：(010)81055316
反盗版热线：(010)81055315

前　言

　　从八级棋士提升到三级棋士，意味着棋手正在初步构建完整的棋艺知识体系，在对局过程中具备主动思考并设计行棋策略的能力，计算水平有明显进步，且行棋时不会犯明显的低级错误。处于这个阶段的棋手，需要进行比以往更高频率的习题练习和实战演练，以便能够经受住更高水准的独立思考的考验，并且做出正确率更高的临场判断。

　　本书主要内容为国际象棋文化常识和晋级练习。在棋文化方面，本书涵盖了国际象棋简史、跨界名人论棋、国际象棋冠军论棋、国际象棋面面观、世界冠军名录等内容，旨在引导棋手更全面地了解国际象棋的文化知识。在晋级习题部分，本书按照不同的难度进行设计，通过综合测试的方式，考查棋手对国际象棋的理解程度以及对已学知识技能的掌握水平。在学习棋文化知识的过程中，读者可以借助互联网等资源，搜索相关领域的更多内容进行补充学习。学习国际象棋，不仅仅是学习棋艺内容和技巧，还需要从棋文化的角度进行更广泛的了解和探索。

　　在解答习题时，考虑到题目具有阶段测试性质且题量较大，建议棋手在开始答题前，根据自身特点设定答题时间，并将在规定时间内完成的题目数量和正确率记录下来，以便在后期制订训练计划时参考。

　　多做习题、多进行实战演练，是棋手从八级棋士晋升到三级棋士最有效的途径。

目 录

第一部分
国际象棋文化常识

国际象棋简史

伦敦

爱丁堡

1497 年
现存最早的国际象棋棋谱印刷出版。

16 世纪初
现代弈棋规则首次形成。

1550 年
意大利成立了世界上第一个国际象棋俱乐部。

1813 年
英国日报《利物浦信使报》首次开设国际象棋专栏。

1824 年
世界最早的通信对抗赛在伦敦和爱丁堡之间举行。

1844 年
世界上最早的电报对抗赛在巴尔的摩和华盛顿之间举行。

1851 年
国际象棋历史上的第一次国际大赛在伦敦举办。

1883 年
伦敦联赛中首次使用时钟来记录时间，此前许多比赛都是使用沙漏计时器。

1886 年
奥地利棋手斯坦尼茨成为历史上第一位正式的国际象棋世界冠军。

1924 年
国际奥林匹克委员会同意将国际象棋列为奥运会正式比赛项目。同年，以"我们都是一家人"为口号的世界国际象棋联合会（FIDE）成立。

威廉·斯坦尼茨（Wilhelm Steinitz，1836—1900），出生在布拉格的犹太聚居区，后成为美国公民，是国际象棋发展历程中举足轻重的人物，也是首位正式的国际象棋世界冠军。

在比赛成绩方面，斯坦尼茨进步神速。1859 年他在维也纳市锦标赛中获第三名，到 1861 年就斩获第一名，成为奥地利最强棋手。

1866 年，他打败了 1851 年伦敦大赛的胜利者阿道夫·安德森，自此常被认为是世界最佳棋手。此后，他还击败了亨利·伯德、约翰内斯·祖凯尔托特等众多高手。在 1873 年的维也纳国际象棋比赛中，他展示出全新的"定位"比赛风格，与布莱克本并列第一，并在附加赛中获胜。1886 年，他和祖凯尔托特举行了第一次国际象棋世界锦标赛并获胜，确立了世界冠军地位，此后一直到 1894 年，他连续夺得国际象棋世界冠军赛冠军。

除了辉煌的比赛成绩，斯坦尼茨还是一位极具影响力的作家和象棋理论家。他在《田野》等杂志上发表评论，阐述自己的国际象棋理念，其著作和理论为现代国际象棋奠定了基础，对国际象棋的发展产生了深远影响，后来的棋手如伊曼纽尔·拉斯克等都学习并发展了他的学说。

斯坦尼茨凭借出色的棋艺和开创性的理论，在国际象棋历史上留下了浓墨重彩的一笔，成为无数棋手敬仰和学习的对象。

跨界名人论棋

国际象棋是智慧的体操。

——列宁
政治家、理论家、思想家

国际象棋是智慧的试金石。

——歌德
思想家、作家、科学家

国际象棋对于每一个幸福的家庭都是必不可少的一部分。

——普希金
诗人、作家

国际象棋是一种高尚的娱乐。

——托尔斯泰
作家、政治思想家、哲学家

国际象棋不只是一种娱乐，人生是一局棋。

——富兰克林
政治家、科学家

国际象棋的高手有着一种对局的美学感受，这与诗歌或音乐的欣赏者的体验非常相似。

——爱因斯坦
物理学家

不是所有的艺术家都是棋手，但所有的棋手都是艺术家。

——杜尚
艺术家

国际象棋是培养孩子逻辑思维的最好学校。

——苏霍姆林斯基
教育家

国际象棋冠军论棋

国际象棋并不适合懦夫。

——斯坦尼茨

国际象棋是一种国际性的语言。

——拉斯克

国际象棋是一门表达逻辑科学的艺术。

——鲍特维尼克

国际象棋毫无疑问与绘画或雕刻一样，都属于艺术的范畴。

——卡帕布兰卡

国际象棋不仅仅是学问和逻辑的体现。

——阿列亨

国际象棋是一门分析艺术。

——鲍特维尼克

国际象棋如同生活一般。

——菲舍尔

国际象棋是智力发展的一种形式。

——塔拉什

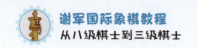
国际象棋面面观

 传统的国际象棋世界冠军个人锦标赛

国际象棋世界冠军个人锦标赛，即国际象棋世界冠军赛（简称世界冠军赛）是由国际象棋联合会（即国际棋联，FIDE）组织的最高水平的国际象棋个人赛事，已有一百多年的历史。

传统的世界冠军赛采用对抗赛制，棋手需要经过逐级选拔。选拔赛包括区域赛、区际赛、候选人赛，最后的优胜者成为世界冠军候选人（也称挑战者）。挑战者随后向现任世界冠军发起挑战，二者之间的比赛称为决赛，胜者成为新的世界冠军。传统的对抗赛不限局数，每周进行三局，先胜六局者即成为国际象棋世界冠军。1984年，卡尔波夫与卡斯帕罗夫的对抗赛因进行多局仍未分出胜负，之后的世界冠军赛改为24局制。

 采取淘汰赛制的国际象棋世界冠军个人锦标赛

1997年，国际棋联决定将世界冠军个人锦标赛的赛制改革为淘汰赛制。这一变革不仅增添了比赛的悬念，还引入了一定的偶然性因素。此后，采用此淘汰赛制的世界冠军赛被命名为世界杯赛。

 国际象棋奥林匹克团体赛

国际象棋奥林匹克团体赛是世界上规模最大的团体比赛。男子正式比赛始于1927年，女子比赛则始于1957年。自1976年起，男女比赛开始同时举行，通常每两年举行一次。很长时间以来，奥林匹克团体赛的参赛队伍构成是男队上场4人，加1名候补队员；女队上场3人，加1名候补队员。为了体现男女平等，从2008年起，规定男女每队参赛成员均上场4人，候补队员各1人。

 国际象棋世界团体锦标赛

国际象棋世界团体锦标赛，又称国际象棋世界团体冠军赛或国际象棋世界杯

团体赛。该比赛每两年举办一次，共有 10 支参赛队伍。参赛资格由上一年奥赛（国际象棋奥林匹克团体赛）前 3 名，亚洲、美洲、非洲和欧洲的冠军队伍，以及东道主队、特邀代表队等获得。

国际象棋奥林匹克团体赛和世界团体锦标赛都是每两年举行一次。国际象棋奥林匹克团体赛规模庞大，国际棋联会员皆可派队参加，犹如一场国际象棋运动的盛大聚会，而世界团体锦标赛则类似一场精英赛。这两项比赛代表了当前国际象棋团体比赛的最高水平。

♛ 女子世界冠军赛

国际象棋女子世界冠军个人锦标赛始于 1927 年，其发展历程与男子世界冠军赛相类似。2000 年开始改为淘汰赛制，2010 年起淘汰赛与对抗赛交替进行。在偶数年举行淘汰赛，由 64 人进行六轮比赛，每轮两盘慢棋，打平则加赛快棋。在奇数年举行对抗赛，参赛双方分别为前一年的"棋后"和国际棋联女子大奖赛总冠军。双方进行 10 盘常规慢棋赛，先得 5.5 分的一方获胜；如果双方打平，则进行每方 25 分钟、每步棋加 10 秒的快棋加赛；如果 4 盘快棋加赛后仍打平，则继续进行更多加赛。

1991 年，谢军成为国际象棋史上第七位女子世界冠军，打破了国际象棋欧美选手垄断的局面。目前，中国获得过国际象棋世界冠军的女棋手有谢军、诸宸、许昱华、侯逸凡、谭中怡和居文君。

♛ 洲际个人锦标赛与团体赛

世界各大洲（除南极洲之外）均举办个人锦标赛和团体赛，洲际比赛通常每两年或每四年举办一次，这些比赛是国际棋联认可的传统赛事。各国家协会及棋手都非常重视在洲际比赛中的表现，一方面是为了国家荣誉和棋手个人的荣誉而努力拼搏，另一方面也是因为洲际比赛的成绩与获得参加世界冠军赛的资格紧密相关。国际棋联根据各大洲参赛棋手的技术等级分、团队实力和综合因素进行名额分配。通常，欧洲赛区由于棋手等级分较高以及其在世界比赛中的优异成绩，获得的名额是最多的。

国际棋联大奖赛

国际棋联大奖赛是国际棋联新设立的比赛，每个赛季包含 4~6 个分站比赛。被邀请参赛的棋手可以选择其中四站参赛，最好的三站成绩将计入总积分，总积分排名第一的棋手将获得晋级总决赛的资格。例如，2015—2016 赛季的国际棋联女子系列大奖赛设有 4 个分站，共有 16 名棋手参加。参赛资格的分配方式为：其中 10 人根据规则自动获得参赛资格，4 人由比赛东道国指定，2 人由国际棋联主席指定。从大奖赛中产生的总冠军作为挑战者，参加 2017 年举行的女子世界冠军对抗赛。

传统公开赛

传统公开赛是职业选手和业余爱好者都可以报名参加的比赛，其特点包括参赛选手众多、奖金丰厚、比赛组别丰富以及赛事影响力大。一些公开赛已经逐渐发展成为举办国家和城市的品牌活动，也成为广大国际象棋爱好者期待的盛事。以卡塔尔国际象棋公开赛为例，这是世界国际象棋最高水平的公开赛之一，常常吸引等级分排名世界前十的棋手参与。每年在直布罗陀举行的国际象棋公开赛虽然规模不是很大，但其特点在于主要面向专业级别选手，是众多国际象棋名将和高手的盛会。而在拉斯维加斯举办的国际象棋公开赛则以其丰富多样的组别而闻名，每年都会吸引大量参赛者踊跃报名，无论是专业水平的棋手还是初学者，都有机会在相应的组别中脱颖而出。

♟ 青少年国际象棋赛事

面向青少年的国际象棋比赛形式多样。国际赛事主要以分年龄组赛（如 10 岁组、12 岁组、14 岁组、16 岁组等）及 20 岁以下的世界青年赛为主。在青少年比赛中涌现出来的天才选手被寄予未来的冠军希望。学生赛事则分为大学生和中学生两个类别，其中大学生国际象棋比赛更为活跃。传统的世界大学生国际象棋锦标赛（包括个人赛和团体赛）、洲际大学生国际象棋锦标赛都为青少年棋手的锻炼成长提供了舞台。面向学生的赛事具有很强的教育色彩。以 2015 年在中

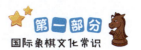
国举办的亚洲大学生国际象棋锦标赛为例，比赛期间还举办了国际象棋教练员培训班，组织业内专家授课，以及组织书法展览、中华武术体验活动等极具中国特色的文体交流活动。

 全国国际象棋赛事

全国国际象棋赛事主要分为团体赛和个人赛，由国家体育总局棋牌运动管理中心和中国国际象棋协会主办，通常每年举行一次，是国内最高水平的国际象棋赛事。优胜者将获得国家体育总局颁发的奖牌或奖状，并有可能根据比赛成绩及国家有关选拔办法入选国家队，参加重要的国际赛事。国际象棋甲级联赛是中国最高水平的专业比赛，采取男女混合编队制，以参赛队伍所在城市为报名单位。甲级联赛排名垫底的队伍将被降级，而下一年度的比赛名额则由在乙级联赛中获得升级资格的队伍获得。

 各省、市、区国际象棋等级赛

凡经中国国际象棋协会和各省级、市级、县级体育管理部门主办或授权的国际象棋比赛，根据比赛的级别、规模及棋手所取得的成绩，可授予棋手相应的棋协等级称号。比赛通常按照等级和性别分组进行。在等级赛中取得一定成绩后，可以依照中国国际象棋协会最新颁布的《中国国际象棋协会 棋士等级称号条例（2022 版）》申请棋士等级证书。其中，中国国际象棋协会可批准授予所有协会棋士等级称号；县级体育管理部门最高可批准授予五级棋士称号；市级最高可批准授予三级棋士称号；省级最高可批准授予一级棋士称号。

 全国青少年赛事

全国青少年比赛是人才培养的重要平台。每年，来自全国各地的青少年国际象棋爱好者共聚一堂，角逐各年龄段的"小棋王"和"小棋后"称号。冠军将获得代表国家参加世界分龄组和世界青年赛的资格。其中，最有代表性的比赛是1993 年起举办的"李成智杯"全国少年儿童国际象棋冠军赛，该赛事已经发展成为我国最重要的国际象棋青少年品牌赛事和优秀棋手的重要培养渠道。中国大学

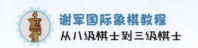
生国际象棋锦标赛是由中国大学生体育协会棋类分会和中国国际象棋协会主办的针对在校大学生的国际象棋赛事，通常每年举办一届，由各高校承办。该赛事为大学生提供了一个良好的交流和比赛平台。

♕ 全国综合运动会赛事

国际象棋是全国运动会、全国智力运动会、全国体育大会等综合运动会中的一个比赛项目。其中，最具智力竞技特色的是由国家体育总局主办的全国智力运动会。首届和第二届全国智力运动会分别于 2009 年和 2011 年举办。之后，全国智力运动会改为每四年举办一次。

第五届全国智力运动会于 2023 年 10 月 25 日至 11 月 4 日在安徽省合肥市举行。比赛项目包括围棋、象棋、国际象棋、桥牌、五子棋、国际跳棋 6 个大项，共 58 个小项。国际象棋比赛的项目有男子团体、女子团体、男子个人快棋、女子个人快棋、少年男子团体、少年女子团体、少年男子个人快棋、少年女子个人快棋、少年混合团体和大学生团体 10 个组别。

♕ 人机大战

人脑下棋厉害还是电脑下棋厉害？从 20 世纪 50 年代起，科学家们便在这个领域进行研究。

1996 年 2 月，IBM 公司开发出的超级计算机深蓝首次挑战国际象棋男子世界冠军卡斯帕罗夫。然而，这次人机对抗中深蓝以 2：4 失利告终。后来，更多的科学家和国际象棋特级大师组成了研究小组，不断地改进计算机算法。1997 年 5 月，深蓝再度挑战卡斯帕罗夫，并以 3.5：2.5 的成绩战胜世界冠军，成为首个在对抗赛中击败世界冠军的电脑系统。

尽管计算机在棋局上表现出色，但真正的乐趣仍体现在人类之间的对弈。如今越来越多的棋手将计算机视作训练助手，并收到了非常好的训练效果。

♕ 棋手的称号

国际棋联颁发的棋手等级称号有特级大师（GM）、国际大师（IM）、棋联

大师（FM）、候补大师（CM）、女子特级大师（WGM）、女子国际大师（WIM）、女子棋联大师（WFM）、女子候补大师（WCM）。棋手要想获得这些称号，不仅需要在比赛中达到相应的成绩标准，还要满足相应的技术等级分要求。例如，获得特级大师称号需要等级分达到 2300 分以上；获得国际大师称号需要等级分达到 2200 分以上；获得棋联大师称号需要等级分达到 2100 分以上。

国内国际象棋等级称号分为专业和业余两类。专业称号由政府体育部门授予，业余国际象棋称号由行业协会（中国国际象棋协会）授予。国内专业国际象棋等级称号有 5 个等级：国际级运动健将、运动健将、一级运动员、二级运动员和三级运动员。棋手必须在专业比赛中达到相应成绩才能获得这些等级称号。

♛ 对局的时间限定

正式比赛中，对局必须按照比赛规定的赛时要求来完成。这样的赛时要求被称作时间限制，简称"时限"。在常规赛时情况下，参赛的双方棋手都必须在规定时间内走完一定数量的着法。具体在比赛的竞赛规程和规则实施细则中会有明确规定。例如，第一时限内每方用 1 小时完成 40 步棋，第二时限内每方用 30 分钟完成余下棋局的规定，指的是棋手必须在赛钟显示的第 1 个小时中走完 40 步棋，顺利完成第一时限任务之后，在赛钟显示的 30 分钟内完成剩下的所有着法。通过简单的计算我们可以知道，在这种时间规定下，每名棋手最多有 1 小时 30 分钟的比赛时间。将两名选手的时间合并，整个棋局需要在 3 个小时内完成。

快棋比赛的时间要短得多，包括每方 15 分钟、每方 5 分钟甚至每方只有 3 分钟的闪电战。在这么短的时间限定内，棋手不仅要保持头脑清醒，还要快速行棋，确保走棋又快又准。

♛ 等级分及计算方法

国际等级分是称号条例和许多重大比赛竞赛规则的基础。其理论基础是统计概率理论中的正态分布，转换关系以表格形式列出。其计算原理是：凡可以计算等级分的比赛，按本人等级分和对手等级分的差异从概率函数表上查出预期得分率，然后计算预期得分（瑞士制和循环制算法有所不同）。最后，把实际得分和预期得分的差乘以换算系数（根据不同情况分为 10、16、25 三种），正值为升，

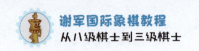

负值为降。在每个统计期内累计升降值，确定每名棋手下次公布的新等级分（半年内有效）。

♛ 国际象棋与模拟战争

追溯国际象棋的起源，我们会发现，种种富有意味的传说多半与军事有关。

有一种传说是，大约两千年前，古印度爆发了一场激烈的战争，将士伤亡惨重。一位智者目睹了这一惨状后，脑海中随之闪现出一个念头。之后，他迅速制作了一块方不盈尺的 64 格棋盘，再现了辽阔的战场，并用不同的棋子代表戴盔披甲的将士。这位智者的想法是把勇武善战、恃强好胜的婆罗门贵族、国王和武将们吸引到棋盘上来，用棋盘上的攻城略地来模拟战场上的厮杀拼搏，以免人类再次互相残杀。

另一种传说是，大约在公元 4 世纪，古印度军队对流行的百家乐谱游戏情有独钟。但随着时间的推移，百家乐谱逐渐演变成一种赌博工具，并导致军队内部开始分裂。因此，统治者命令一位哲学家发明一种新的娱乐方式来取而代之。但这个新的娱乐方式必须与棋类似，而且要与军队的身份相匹配。于是，这位哲学家便发明了国际象棋，其中各种棋子代表不同的军衔，棋子的走法也符合各自代表的军衔的特点。当时，统治者之间经常发生冲突，而统治者又非常看重自身的声誉。当某位统治者被击败时，他的军队也就不再需要继续战斗了，战争也会立即停止。因此，在一局棋中，如果王被将死，不论棋盘上还有多少其他棋子，棋局也会以失败告终。

这两个传说都与军事有关，并体现了人们对和平的向往。

♛ 国际象棋着法的演变

国际象棋的着法有过许多次变革。

早先，王的走法虽和现在一样，但据说是可以被吃掉的，而王车易位的规则也是从 16 世纪上半叶才开始有的。

后最初并不是最强的棋子，它只能斜走 1 格。皇后具有现在这样强大的威力，大约是在 15 世纪中叶以后。

"象"只许斜进 2 格，如果中间格有棋子，"象"也可以越过。象的这种允

许越子的走法在欧洲一直延续到 15 世纪。

兵在过去只能前进 1 格，第 1 次走动时也一样，一直到 16 世纪初，兵的威力才提高到现在的程度。兵到达第 8 格时，过去只能升变为后，不能升变成别的棋子。

只有车和马的走法一直没有改变。

至于国际象棋的棋盘，在 13 世纪以前是不分黑白格的。

♛ 国际象棋的发展

19 世纪开始，国际象棋成为正式的比赛项目。1924 年，国际奥委会将国际象棋列为奥运会正式项目。同年，国际棋联宣告成立，国际象棋运动的发展也进入了一个新的阶段。

国际棋联是国际智力运动联盟（IMSA）的重要成员，其主要任务是负责组织全球及洲际的重大国际象棋比赛。国际棋联于 1999 年被国际奥委会正式认定为国际单项体育组织，成为奥林匹克运动大家庭中的一员，并由此获得了国际社会的广泛认可。

♛ 早期的世界冠军赛

国际象棋世界冠军赛有着上百年的历史。奥地利的斯坦尼茨被普遍认为是第一位现代国际象棋大师，他于 1886 年在国际象棋世界冠军赛上夺冠。其后，德国棋手拉斯克、古巴棋手卡帕布兰卡、法国棋手阿列亨及荷兰棋手尤伟先后取得"棋王"称号。

1946 年，国际棋联开始举办"国际象棋奥林匹克大赛"以及各种级别的锦标赛。"二战"后的世界国际象棋锦标赛几乎成了苏联棋手的天下。1948 年至1975 年，除了美国棋手菲舍尔在 1972 年拿下一届冠军，其余冠军都被苏联棋手鲍特维尼克、斯梅斯洛夫、塔尔、彼得罗相和斯帕斯基夺得。

♛ 统一的世界冠军赛

自 1886 年诞生第一位正式的世界冠军以来，大部分时间世界上只有一位大家公认的棋王。但在 1993 年至 2006 年间，由于国际象棋棋坛出现了两个独立的国际象棋组织——国际棋联 (FIDE) 和职业棋协 (PCA)，国际象棋棋坛一直呈现分裂状态。2006 年，经过多方的共同努力，统一的国际象棋世界冠军赛终于成功举行，职业棋协世界冠军克拉姆尼克在快棋加赛中战胜了国际棋联世界冠军托帕洛夫，成为国际象棋界自 1993 年以来首位统一的世界冠军。

其后，印度棋手阿南德在 2007 年夺冠，并在 2008 年至 2012 年间三次卫冕成功。2013 年，22 岁的挪威棋手卡尔森击败阿南德，成为第 16 位国际象棋世界冠军。

♟ 中国国际象棋的发展

国际象棋在中国的起步较晚。1956 年，国际象棋被正式列入体育比赛项目。1957 年，首次全国国际象棋比赛举办。1978 年底，中国棋手首次参加国际象棋奥林匹克团体赛，获得第 18 名。1980 年 2 月，中国选手首获国际大师称号；同年 12 月，中国国际象棋女队在第 24 届奥林匹克团体赛中闯进前六。中国国际象棋协会在 20 世纪 80 年代提出"女子个人—女子团体—男子团体—男子个人"逐个突破的四步走发展战略。经过几代人的努力，中国国际象棋协会分别在 1991 年、1998 年和 2014 年成功走完前三步。2023 年 4 月 30 日，中国男子国际象棋选手丁立人获得了历史性胜利，成为国际象棋历史上第 17 位男子世界冠军，赢得男子个人世界冠军的第四步也已实现。

男子世界冠军名录

序号	年份	姓名	国籍
1	1886～1894	威廉·斯坦尼茨　Wilhelm Steinitz	奥匈帝国 / 美国
2	1894～1921	伊曼纽尔·拉斯克　Emanuel Lasker	德国
3	1921～1927	若泽·劳尔·卡帕布兰卡　José Raúl Capablanca	古巴
4	1927～1935、1937～1946	亚历山大·阿列亨　Alexander Alekhine	法国
5	1935～1937	马克思·尤伟　Max Euwe	荷兰
6	1948～1957、1958～1960、1961～1963	米哈伊尔·鲍特维尼克　Mikhail Botvinnik	苏联
7	1957～1958	瓦西里·斯梅斯洛夫　Vasily Smyslov	苏联
8	1960～1961	米哈伊尔·塔尔　Mikhail Tal	苏联
9	1963～1969	蒂格兰·V. 彼得罗相　Tigran V. Petrosian	苏联
10	1969～1972	鲍里斯·斯帕斯基　Boris Spassky	苏联
11	1972～1975	鲍比·菲舍尔　Bobby Fischer	美国
12	1975～1985	阿纳托利·卡尔波夫　Anatoly Karpov	苏联
13	1985～2000	加里·卡斯帕罗夫　Garry Kasparov	苏联 / 俄罗斯
14	2000～2007	弗拉基米尔·克拉姆尼克　Vladimir Kramnik	俄罗斯
15	2007～2013	维斯瓦纳坦·阿南德　Viswanathan Anand	印度
16	2013～2023	马格努斯·卡尔森　Magnus Carlsen	挪威
17	2023～2024	丁立人　Ding Liren	中国
18	2024 年至今	多马拉吉乌·古克什　Dommaraju Gukesh	印度

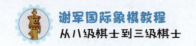
女子世界冠军名录

序号	年份	姓名	国籍
1	1927~1944	薇拉·明契克　Vera Menchik	捷克斯洛伐克/英国
2	1950~1953	柳德米拉·鲁登科　Lyudmila Rudenko	苏联
3	1953~1956、1958~1962	伊丽莎白·贝科娃　Elisaveta Bykova	苏联
4	1956~1958	奥尔加·鲁布佐娃　Olga Rubtsova	苏联
5	1962~1978	诺娜·加普林达什维利　Nona Gaprindashvili	苏联
6	1978~1991	玛雅·齐布尔达尼泽　Maya Chiburdanidze	苏联
7	1991~1996、1999~2001	谢军　Xie Jun	中国
8	1996~1999	苏珊·波尔加　Susan Polgar	匈牙利
9	2001~2004	诸宸　Zhu Chen	中国
10	2004~2006	安托阿内塔·斯坦芳诺娃　Antoaneta Stefanova	保加利亚
11	2006~2008	许昱华　Xu Yuhua	中国
12	2008~2010	亚历山德拉·科斯坚纽克　Alexandra Kosteniuk	俄罗斯
13	2010~2012、2013~2015、2016~2017	侯逸凡　Hou Yifan	中国
14	2012~2013	安娜·乌什尼娜　Anna Ushenina	乌克兰
15	2015~2016	玛丽亚·穆兹丘克　Mariya Muzychuk	乌克兰
16	2017~2018	谭中怡　Tan Zhongyi	中国
17	2018年至今	居文君　Ju Wenjun	中国

第二部分

晋级练习

综合测试 1

题号	1	2	3	4	5	6	7	总分
得分								

1. 选择题（6 分）

请将正确的选项填写到括号中。

王车易位的方法是：王向参加易位的（   ）的方向移动两格，然后车越过（   ）放在与王紧邻的格子上。

第一个括号：A. 马 B. 车 C. 后

第二个括号：A. 象 B. 后 C. 王

2. 判断题（共 2 题，每题 6 分）

请判断下面横线处的描述是否正确，正确的在括号中画"√"，错误的画"×"。

（1）在棋盘的不同位置上，车能控制的格子数的最大值是 15 ，控制格子数的最小值是 13 。

第一处横线（   ）   第二处横线（   ）

（2）兵升变的具体方法是：把兵从 底线 的格子上拿开，放上升变成为的棋子。

第一处横线（   ）   第二处横线（   ）

3. 填空题（共 2 题，每题 6 分）

请将正确答案填写到括号中。

（1）d4、d5、e4、e5 这 4 个格子组成的区域称为（   ）；由 a、b、c、d 四条线组成的棋盘区域称为（   ）；由 e、f、g、h 四条线组成的棋盘区域称为（   ）。

（2）根据国际象棋规则，单王对（   ），王（   ）对王，王（   ）对王的情况被判为和棋。

4. 吃子（共 4 题，每题 1.5 分）

请根据要求将正确答案写到横线上。

（1）现在轮到白方走棋，你认为白方 1. 后 ×g6 的走法好不好？

回答 _____

（2）现在轮到白方走棋，你认为白方应该走哪一步？

A. 1.e×f6   B. 1.后 ×f6

回答 _____

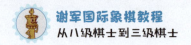

（3）现在轮到白方走棋，你认为白方应该走哪一步？

    A．1.象 ×e3   B．1.车 ×e3

回答 _____

（4）现在轮到白方走棋，你认为白方应该走哪一步？

    A．1.象 ×d5   B．1.e×d5

回答 _____

5. 兑子（共4题，每题3分）

（1）该不该兑子？白方先走，你认为白方应该怎么走？

A. 1. 象 ×e5　　B. 1. 象 e3　　C. 其他走法

回答 _____

（2）该不该兑子？白方先走，你认为白方应该怎么走？

A. 1. 马 ×d2　　B. 1. 车 ×d2　　C. 其他走法

回答 _____

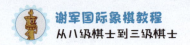
（3）该不该兑子？白方先走，你认为白方应该怎么走？

1.e×d6   B. 1.e6

回答 _____

（4）该不该兑子？白方先走，你认为白方应该怎么走？

1. 象 ×e6   B. 1.后 ×g6   C. 1.f7

回答 _____

6. 一步杀（共8题，每题5分）

请根据要求将正确答案写到横线上。

（1）白先走，一步杀。

回答 _____

（2）白先走，一步杀。

回答 _____

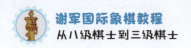

（3）白先走，一步杀。

回答 _____

（4）白先走，一步杀。

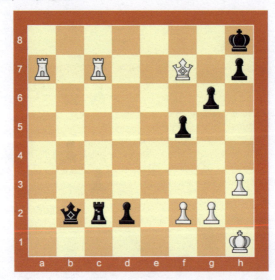

回答 _____

本题中白方有3种一步杀的方法。如果你能够全部答出来，将会额外加5分。

（5）白先走，一步杀。

回答 _____

（6）白先走，一步杀。

回答 _____

（7）白先走，一步杀。

回答 _____

（8）白先走，一步杀。

回答 _____

7. 结果判断（共 4 题，每题 3 分）

请根据要求将正确答案写到横线上。

（1）现在轮到白方走棋，哪一方占优？为什么？

回答 _____

（2）现在轮到白方走棋，哪一方占优？为什么？

回答 _____

（3）现在轮到白方走棋，哪一方占优？为什么？

回答 _____

（4）现在轮到黑方走棋，哪一方占优？为什么？

回答 _____

综合测试 2

题号	1	2	3	4	5	6	7	8	9	总分
得分										

1. 选择题（6分）

在对局记录中，符号"×"的意义是（　　　），"+"的意义是（　　　），"#"的意义是（　　　）。

第一个括号：A.吃子　B.将军　C.将杀

第二个括号：A.吃子　B.将军　C.将杀

第三个括号：A.吃子　B.将军　C.将杀

2. 判断题（共2题，每题5分）

请判断下面横线处的描述是否正确，正确的在括号中画"√"，错误的画"×"。

（1）一局棋的对局结果有 胜负 两种。

第一处横线（　　　）　　　第二处横线（　　　）

（2）国际象棋对局双方的目的是要把 对方 的王捉住，力求 和棋 。

第一处横线（　　　）　　　第二处横线（　　　）

3. 填空题（共2题，每题6分）

请将正确答案填写到括号中。

（1）"逼和"时，走棋一方的王没有被对方棋子（　　　），走棋一方的王除了走到（　　　）的控制范围内，已经无处可去。

（2）"逼和"也称无子（　　　）。逼和时，走棋一方除王之外的所有棋子都没有合乎（　　　）的着法可走。

4. 吃子（共 2 题，每题 1.5 分）

（1）现在轮到白方走棋，你认为白方应该怎么走？

A. 1 象 ×b3   B. 1.后 ×a1   C. 1.后 ×b3

回答 _____

（2）现在轮到黑方走棋，你认为黑方应该怎么走？

A. 1... 后 ×f7   B. 1... 王 ×f7

回答 _____

5. 兑子（共 2 题，每题 1.5 分）

（1）现在轮到白方走棋，你认为白方应该怎么走？

A. 1. 车 ×d4　　B. 1. 象 ×d4

回答 _____

（2）现在轮到白方走棋，你认为白方应该怎么走？

A. 1. 象 ×d5　　B. 1. 后 ×d5　　C. 1. 车 ×d4

回答 _____

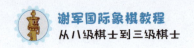

谢军国际象棋教程
从八级棋士到三级棋士

6. 牵制战术（共 4 题，每题 5 分）

（1）现在轮到白方走棋，在横线上写出你认为正确的答案。

回答 _____

（2）现在轮到白方走棋，在横线上写出你认为正确的答案。

回答 _____

34

（3）现在轮到白方走棋，在横线上写出你认为正确的答案。

回答 _____

（4）现在轮到白方走棋，在横线上写出你认为正确的答案。

回答 _____

7. 闪将战术（共4题，每题5分）

（1）现在轮到白方走棋，在横线上写出你认为正确的答案。

回答 _____

（2）现在轮到白方走棋，在横线上写出你认为正确的答案。

回答 _____

（3）现在轮到白方走棋，在横线上写出你认为正确的答案。

回答 _____

（4）现在轮到白方走棋，在横线上写出你认为正确的答案。

回答 _____

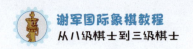

8. 一步杀（共 4 题，每题 1.5 分）

（1）现在轮到白方走棋，在横线上写出你认为正确的答案。

回答 _____

（2）现在轮到白方走棋，在横线上写出你认为正确的答案。

回答 _____

（3）现在轮到白方走棋，在横线上写出你认为正确的答案。

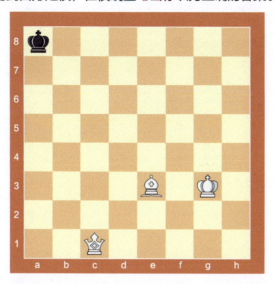

回答 _____

（4）现在轮到白方走棋，在横线上写出你认为正确的答案。

回答 _____

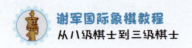

9. 两步杀（共4题，每题5分）

（1）现在轮到白方走棋，在横线上写出你认为正确的答案。

回答 _____

（2）现在轮到白方走棋，在横线上写出你认为正确的答案。

回答 _____

（3）现在轮到白方走棋，在横线上写出你认为正确的答案。

回答 _____

（4）现在轮到白方走棋，在横线上写出你认为正确的答案。

回答 _____

综合测试 3

题号	1	2	3	4	5	6	7	8	总分
得分									

1. 选择题（6 分）

请将正确的选项填写到括号中。

写棋局记录时，在棋子名称（　　　）面加上它所在格子的名称，就表示出棋子的位置。例如把象走到 d4 格上，就写成（　　　）。

第一个括号：A. 前　B. 后

第二个括号：A. 象 d4　B. d4 象

2. 判断题（共 2 题，每题 6 分）

请判断下面横线处的描述是否正确，正确的在括号中画"√"，错误的画"×"。

（1）白方在第 6 个回合时把马走到 f7 格上，两名棋手在对局记录中记下的是 6. 马 f7 和 6.f7 马。

第一处横线（　　　）　第二处横线（　　　）

（2）在棋盘的不同位置上，马能控制的格子数的最大值是 7，控制格子数的最小值是 3。

第一处横线（　　　）　第二处横线（　　　）

3. 填空题（共 2 题，每题 6 分）

请将正确答案填写到括号中。

（1）将杀是指被（　　　）一方的王无法在（　　　）、（　　　）和（　　　）三种方法中找到任意一种应对方法。

（2）棋盘上的斜线长短不一，最长的有（　　　）个格子，最短的有（　　　）个格子。

4. 正常和棋（共 2 题，每题 2.5 分）

（1）现在轮到白方走棋，你认为白方能和棋吗？应该怎么走？

回答 _____

（2）现在轮到白方走棋，你认为白方能和棋吗？白方应该怎么走？

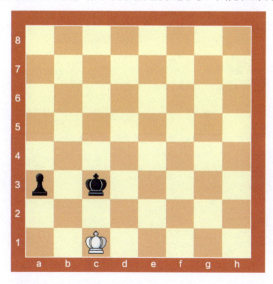

回答 _____

5. 逼和（共 2 题，每题 2.5 分）

（1）现在轮到白方走棋，你认为白方走 1. 后 xg6 好不好？为什么？

回答 _____

（2）现在轮到白方走棋，你认为白方应该怎么走？为什么？

A．1. 象 xb6　　B．1. 象 b8

回答 _____

6. 一步杀（共 4 题，每题 2.5 分）

（1）现在轮到白方走棋，在横线上写出你认为正确的答案。

回答 _____

（2）现在轮到白方走棋，在横线上写出你认为正确的答案。

回答 _____

（3）现在轮到白方走棋，在横线上写出你认为正确的答案。

_____

（4）现在轮到白方走棋，在横线上写出你认为正确的答案。

_____

7. 两步杀（共 8 题，每题 5 分）

（1）现在轮到白方走棋，在横线上写出你认为正确的答案。

回答 _____

（2）现在轮到白方走棋，在横线上写出你认为正确的答案。

回答 _____

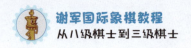
（3）现在轮到白方走棋，在横线上写出你认为正确的答案。

回答 ＿＿＿＿＿＿＿＿＿＿＿＿＿＿＿＿＿＿

（4）现在轮到白方走棋，在横线上写出你认为正确的答案。

回答 ＿＿＿＿＿＿＿＿＿＿＿＿＿＿＿＿＿＿

（5）现在轮到白方走棋，在横线上写出你认为正确的答案。

回答 _____

（6）现在轮到白方走棋，在横线上写出你认为正确的答案。

回答 _____

（7）现在轮到白方走棋，在横线上写出你认为正确的答案。

回答 _____

（8）现在轮到白方走棋，在横线上写出你认为正确的答案。

回答 _____

8. 简单战术（共 4 题，每题 2.5 分）

（1）现在轮到白方走棋，在横线上写出你认为正确的答案。

回答 _____

（2）现在轮到白方走棋，在横线上写出你认为正确的答案。

回答 _____

（3）现在轮到白方走棋，在横线上写出你认为正确的答案。

回答 _____

（4）现在轮到白方走棋，在横线上写出你认为正确的答案。

回答 _____

综合测试 4

题号	1	2	3	4	5	6	7	8	总分
得分									

1. 选择题（6 分）

请将正确的选项填写到括号中。

王在被将军的时候，应该在哪几种应将方式中做出选择？（　　）

　　　　A. 消将、避将、垫将

　　　　B. 消将、双将、将杀

　　　　C. 消将、避将、反将

2. 判断题（共 2 题，每题 6 分）

请判断下面横线处的描述是否正确，正确的在括号中画"√"，错误的画"×"。

（1）吃过路兵的一方必须在对方的兵从原始位置向前一步走 两 格时，立即将对方吃掉。

　　　　　　　　　　　　（　　）

（2）在每局棋中，双方各有 1 次机会走 兵升变，这步棋可以 同时 移动己方的两个棋子即王和车。

　　第一处横线（　　） 第二处横线（　　） 第三处横线（　　）

3. 填空题（共 2 题，每题 9 分）

（1）请将下面西班牙开局中缺失的走法写到括号中。

　　　　1.e4（　　） 2.马 f3（　　） 3.（　　）

（2）请将下面意大利开局中缺失的走法写到括号中。

　　　1.（　　）e5 2.（　　）马 c6 3.（　　）（　　）

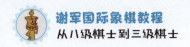

4. 闪击（共 4 题，每题 1.5 分）

（1）现在轮到白方走棋，在横线上写出你认为正确的答案。

回答 _____

（2）现在轮到白方走棋，在横线上写出你认为正确的答案。

回答 _____

（3）现在轮到白方走棋，在横线上写出你认为正确的答案。

回答 _____

（4）现在轮到白方走棋，在横线上写出你认为正确的答案。

回答 _____

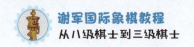

5. 捉双（共 4 题，每题 1.5 分）

（1）现在轮到白方走棋，在横线上写出你认为正确的答案。

回答 ＿＿＿＿＿＿＿＿＿＿＿＿＿＿＿＿＿＿

（2）现在轮到白方走棋，在横线上写出你认为正确的答案。

回答 ＿＿＿＿＿＿＿＿＿＿＿＿＿＿＿＿＿＿

（3）现在轮到白方走棋，在横线上写出你认为正确的答案。

回答 _____

（4）现在轮到白方走棋，在横线上写出你认为正确的答案。

回答 _____

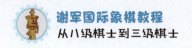

6. 消除保护（共4题，每题5分）

（1）现在轮到白方走棋，在横线上写出你认为正确的答案。

回答 _____

（2）现在轮到白方走棋，在横线上写出你认为正确的答案。

回答 _____

58

（3）现在轮到白方走棋，在横线上写出你认为正确的答案。

回答 _____

（4）现在轮到白方走棋，在横线上写出你认为正确的答案。

回答 _____

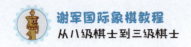

7. 两步杀（共6题，每题4分）

（1）现在轮到白方走棋，在横线上写出你认为正确的答案。

回答 _____

（2）现在轮到白方走棋，在横线上写出你认为正确的答案。

回答 _____

（3）现在轮到白方走棋，在横线上写出你认为正确的答案。

回答 _____

（4）现在轮到白方走棋，在横线上写出你认为正确的答案。

回答 _____

（5）现在轮到白方走棋，在横线上写出你认为正确的答案。

回答 _____

（6）现在轮到白方走棋，在横线上写出你认为正确的答案。

回答 _____

8. 综合判断（共 2 题，每题 4 分）

（1）黑方先走，你认为黑方应该怎么走？

A. 1... 车 xe5 　　　B. 1... 后 xe5 　　　C. 其他走法

回答 _____

（2）该不该兑子？白方先走，你认为白方应该怎么走？

A. 1. 车 xd6 　　　B. 1. 象 xf7 　　　C. 其他走法

回答 _____

综合测试 5

题号	1	2	3	4	5	6	7	总分
得分								

1. 选择题（6分）

请将正确答案填写到括号中。

在历届世界冠军中，有一位冠军走的是一条独特的成长道路：数学教授—棋手—国际棋联主席，他是（　　　）。

A. 尤伟

B. 塔尔

C. 卡斯帕罗夫

2. 判断题（共2题，每题6分）

请判断下面横线处的描述是否正确，正确的在括号中画"√"，错误的画"×"。

（1）马象杀单王的最后阶段，拥有马象的一方要把对方的王逼到棋盘的中央。

（　　　）

（2）马象杀单王的最后阶段，对方的王要在与己方象所在的格子 不一样 颜色的棋盘角格上。

（　　　）

3. 填空题（共2题，每题6分）

请将正确答案填写到括号中。

（1）请写出3种战术组合手段的名称。

（　　　）（　　　）（　　　）

（2）请写出3种开局的名称。

（　　　）（　　　）（　　　）

4. 闪将（共 4 题，每题 1.5 分）

（1）现在轮到白方走棋，在横线上写出你认为正确的答案。

回答 ＿＿＿＿＿＿＿＿＿＿＿＿＿＿＿＿＿＿

（2）现在轮到白方走棋，在横线上写出你认为正确的答案。

回答 ＿＿＿＿＿＿＿＿＿＿＿＿＿＿＿＿＿＿

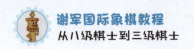

（3）现在轮到白方走棋，在横线上写出你认为正确的答案。

回答 _____

（4）现在轮到白方走棋，在横线上写出你认为正确的答案。

回答 _____

5. 战术组合（共4题，每题4分）

（1）现在轮到白方走棋，在横线上写出你认为正确的答案。

回答 _____

（2）现在轮到白方走棋，在横线上写出你认为正确的答案。

回答 _____

（3）现在轮到白方走棋，在横线上写出你认为正确的答案。

回答 _____

（4）现在轮到白方走棋，在横线上写出你认为正确的答案。

回答 _____

6. 两步杀（共 8 题，每题 4 分）

（1）现在轮到白方走棋，在横线上写出你认为正确的答案。

回答 _____

（2）现在轮到白方走棋，在横线上写出你认为正确的答案。

回答 _____

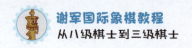

（3）现在轮到白方走棋，在横线上写出你认为正确的答案。

回答 _____

（4）现在轮到白方走棋，在横线上写出你认为正确的答案。

回答 _____

（5）现在轮到白方走棋，在横线上写出你认为正确的答案。

回答 _____

（6）现在轮到白方走棋，在横线上写出你认为正确的答案。

回答 _____

（7）现在轮到白方走棋，在横线上写出你认为正确的答案。

回答 _____

（8）现在轮到白方走棋，在横线上写出你认为正确的答案。

回答 _____

7. 综合判断（共 4 题，每题 4 分）

（1）现在轮到黑方走棋，你认为黑方应该怎么走？

A.1... 象 ×d1　　B. 1... 马 ×e5

回答 _____

（2）现在轮到白方走棋，你认为白方应该怎么走？

A.1 马 ×e4　　B. 1 象 ×f6

回答 _____

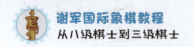
（3）现在轮到白方走棋，你认为白方应该怎么走？

A.1 车 ×f8+　　B.1 象 ×h6

回答 _____

（4）现在轮到黑方走棋，你认为黑方应该怎么走？

A.1...g×f6　　B.1... 马 ×d6

回答 _____